PÁGINAS

Un Cuento de Bibliotecas

Escrito y traducido por D. R. Sanchez

This is a work of fiction. Names, characters, businesses, places, events and incidents are either the products of the author's imagination or used in a fictitious manner. Any resemblance to actual persons, living or dead, or actual events is purely coincidental.

Esto es una obra de ficción. Nombres, caracteres, negocios, lugares, eventos y incidentes son los productos de la imaginación de la autora o están usados en una manera ficticia. Cualquier semejanza a personas actuales, vivos o muertos, o eventos actuales es completamente coincidencia.

Copyright © 2016 by Debra R. Sanchez

All rights reserved. This book or any portion thereof may not be reproduced, performed or used in any manner whatsoever without the express written permission of the publisher or author except for the use of brief quotations in a book review.

Todos derechos reservados. No se permite reproducir, interpretar, o utilizar este libro o cualquier porción del mismo en ninguna manera sin el permiso escrito de la autora.

Printed in the United States of America

First Printing 2016

ISBN 13: 978-0692695111
ISBN10: 0692695117

www.treeshadowpress.com

Logo por Gabriel Heavey Pérez de Rozas www.gabrielheavey.es

Para permiso de producir en teatro, contactar a:
For performance permission, contact:
Debra R. Sanchez
dbrsanchez@gmail.com
Arte de cubierta por Debra Sanchez. Foto de la autora por Melissa Schneider.
Consulta para la traducción por Gabriel Heavey y Neus Saloni

Dedicated to all who inspired it. Thank you to:
Dedicado a todos que lo inspiró. Gracias a:

My husband, without his help and support,
I wouldn't be able to live my dreams.
Mi esposo, sin su ayuda y apoyo,
yo no podría vivir mis sueños.

My parents and grandparents for feeding
my love of books and libraries.
Mis padres y abuelos por alimentar
mi amor a libros y bibliotecas.

My children and grandchildren for
keeping that love alive.
Mis hijos y nietos por continuar
manteniendo ese amor vivo.

My mentors for teaching me
how to put words on a page.
Mis mentores por enseñarme
cómo poner las palabras en las páginas.

All of the writing groups I have
belonged to or led over the years.
Todos los grupos de escritores que
ha asistido o guiado durante muchos años.

And especially to the libraries of my life, from the first one that I rode my bike to every week as a child in Mars, PA to the ones I was lucky enough to work for as an adult.
Y, sobre todo a las bibliotecas de mi vida, desde la primera a donde fui en bicicleta todas las semanas de mi niñez, hasta las que tuve la suerte de trabajar como adulto.

Without libraries life is nothing.
Sin bibliotecas, la vida no vale nada.

Páginas fue producido por primera vez el 28 de julio, 2015 in Springdale, PA. Una presentación de Power Point fue proyectada en una pantalla detrás de los actores para establecer la escena.

REPARTO ORIGINAL

ALEX (adulta) ....Starr Bryson

ALEX (joven)...Britt Strand

LIBBY...Laura Welsh

LEXI...Kerry E. B. Black

NARRADOR/A......................... Hana Haatainen-Caye

PAIGE...Jenifer McNamara

PETER...Josh Seybert

TOM...Vic Robb

VOZ / DIRECTORA DE ESCENA............Megan Vance

CARÁCTERES:

NARRADOR/A   Lee de un libro o cuaderno mientras sentado/a en un sillón cómodo. Puede ser a un lado del escenario o detrás de la audiencia.

ALEX   Cliente de la Biblioteca/Estudiante y después mayor. Puede ser hombre o mujer. Ajuste pronombres en según sea necesario. Utilice un collar voluminoso o un cordón grueso con llaves (o, si es hombre, una corbata) que se pasa a **ALEX MAYOR/NARADOR/A** en la escena final para mostrar la identidad del carácter.

LEXI   Cliente de la Biblioteca

LIBBY   Bibliotecaria

PAIGE   Bibliotecaria Asistente y Madre de **ALEX**

PETER   Amigo de la Biblioteca

TOM   Amigo de la Biblioteca

ESCENA:

Biblioteca   Escena partida. En un lado: Mostrador de Circulación con teléfono. En el otro lado hay un sillón cómodo para **NARADOR/A**. Estantes con libros a la vista. El sillón cómodo puede estar detrás de la audiencia.

SINOPSES DE ESCENAS

ESCENA 1
Una biblioteca pequeña, presente.

ESCENA 2
La misma, otro día.

ESCENA 3
Varios años después.

ESCENA 4
Afuera de la biblioteca, tres años después.

ESCENA 5
Terreno vacío, un año después.

ESCENA 6
Un estacionamiento abandonado,
tres años después.

ESCENA 7
Varios años después.

PÁGINAS

Escena 1

NARRADOR/A *Está en un sillón cómodo, con un libro abierto.* **LIBBY** *y* **PAIGE** *están ocupadas en el mostrador. Suena el teléfono.*

LIBBY. Buenas tardes, Biblioteca del Pueblo. Habla Libby.
(Una pausa. Mira al reloj.)
Son las 12:34.
(Una pausa)
A la orden.
(Cuelga el teléfono y habla a **PAIGE.***)*
Increíble, Paige, la manera como algunas nos abusan. Si va a llamar a la biblioteca para pedir información, que nos preguntan algo que valga la pena contestar.

PAIGE. ¿Recuerdas la vez que alguien llamó para preguntar cómo se escribe el nombre Katy? ¿Cómo vamos a saber? Puede ser con "C" o con "K", con "I" o con "Y". Por favor.

LIBBY. ¿O la persona que llamó para saber a dónde deben llamar para conseguir un restaurante de pollo que reparte a domicilio?

PAIGE. Tres veces en el mismo día.

LEXI. *(Acerca al mostrador.)*
¿Puede uno de ustedes ayudarme?

LIBBY. Claro que sí. Por eso estamos aquí.

LEXI. Estoy buscando información sobre la historia de las bibliotecas. También necesito averiguar sobre las bibliotecas electrónicas.

PAIGE. Un buen lugar para empezar es el catálogo, especialmente si estás buscando libros. En el pasado solía ser la única manera de obtener ese tipo de información era el catálogo de fichas. Algunas bibliotecas todavía lo utilizan junto con el sistema corriente.

LEXI. ¿Corriente? ¿Quieres decir en la computadora, cierto?

PÁGINAS

PAIGE. Sí. La biblioteca computarizada produce mejores resultados que el sistema de catálogo de fichas. Además, es más rápido. Todavía es una buena idea entender cómo funciona el sistema de fichas, en caso de que las computadoras no estén funcionando por cualquier razón. Vente conmigo. Te enseñaré como utilizarlo.

*(**LEXI** sigue a **PAIGE** hacia la computadora. Mientras **PAIGE** la guía suena el teléfono y **LIBBY** contesta.)*

LIBBY. Buenas tardes, Biblioteca del Pueblo. Habla Libby.
(Una pausa)
Déjame ver si entiendo lo que está preguntando. ¿Usted quiere información sobre la ciudad de Tacoma en el estado de Varsovia? ¿Está usted seguro que no quería decir Washington?
(Una pausa)
Pero, Señor ¿está seguro? Varsovia no es un estado. Washington sí lo es.
*(Una pausa seguido por una reacción de movimiento asustado. **LIBBY** habla hacia la audiencia.)*
Él colgó el teléfono. *(Suspira)*

*(Mientras **NARRADOR/A** habla, **PAIGE** y **LEXI** salgan de la escena, detrás de los estantes de libros.)*

NARRADOR/A. Yo recuerdo cómo solía ser. Cuando yo era muy joven, mi mamá trabajaba en una biblioteca. La hora de cuentos era mi evento favorito. Yo siempre tenía montones de libros en mi cuarto. Muchos eran de la biblioteca, pero también había cientos de libros que eran míos.

Cuando yo aprendí a leer, mi obsesión con libros floreció. Yo tenía mi propia tarjeta de la biblioteca y además siempre utilicé la biblioteca de la escuela, al contrario, a la mayoría de mis compañeros de clases quienes solamente iban a la biblioteca cuando eran obligados a hacer algún reportaje.

PÁGINAS

¿Sabes una cosa? Los reportajes de libros fueron difíciles para mí. No porque no los quería hacer, sino porque me costaba decidir cual libro elegir. ¿Como elegir uno solo?

Después de un tiempo, no había muchos libros en la biblioteca escolar. Eso lo hizo más difícil para conseguir algo que yo no había leído.

PÁGINAS

Escena 2

*(**ALEX** entra y se acerca al mostrador llevando una pila de libros en brazo.)*

LIBBY. Hola, Alex.

ALEX. Mamá tenía el día libre hoy, pero no pude esperar a recoger los libros que llegaron para mí.

LIBBY. Paige trabaja mañana. ¿No pudiste esperar un solo día?

ALEX. No. No pude hacerlo. Me encanta que todavía pueda obtener libros aquí. La biblioteca en el liceo ya no tiene nada para mí.

LIBBY. De la manera que tú lees, es un milagro que cualquier biblioteca puede ofrecerte suficientes libros.

ALEX. Por lo menos, esta biblioteca aún trata de mantener una buena cantidad de libros. La biblioteca en el liceo siempre está perdiendo libros.

LIBBY. ¿Perdiendo libros?

ALEX. Al menos eso es lo que dicen. Pero yo he estado prestando atención. Están eliminando los libros, particularmente todos los que a mí me gustaría leer. Muchos de los mejores libros que he leído...ya no están.

LIBBY. Oh. *(Un momento)* Eso. *(Un momento)* Yo sabía que estaba ocurriendo en muchos lugares, pero no me daba cuenta de que estaba pasando aquí también.

ALEX. Ellos han eliminado algunos libros que solían ser lectura obligatoria, tal como *Matar a un Ruiseñor, El Guardián Entre el Centeno, El Dador,* aun unos muy viejos como *Las Aventuras de Huckleberry Finn.* Y libros tontos como *Donde Esta Wally* ...desaparecidos.
(Una Pausa)
Me alegra que no tenga que preocuparme por perder libros aquí.

PÁGINAS

LIBBY. *(Mira a su alrededor antes de hablar.)*
Todavía no, por lo menos.

ALEX. ¿Qué quieres decir, "Todavía no, por lo menos"?

LIBBY. Las bibliotecas en todas partes se enfrentan a serios problemas financieros. Muchas están cerrando porque no tienen suficiente dinero para permitirse el lujo de permanecer abiertas. Algunas solo pueden mantenerse abiertas gracias a los esfuerzos de los voluntarios. Hemos llegado a depender cada vez más de las donaciones y ayuda que recibimos de los miembros de la comunidad.

ALEX. ¿Cómo "Los Amigos de la Biblioteca"? Mamá dice que ellos ayudan mucho.

LIBBY. Exactamente. Paige y yo, y lo demás empleados de la biblioteca, necesitamos toda la ayuda que podemos conseguir para mantener la biblioteca.

*(Mientras hablan **LIBBY** chequea los libros para **ALEX**.)*

ALEX. ¿Qué pasaría si la gente deja de dar apoyo a la biblioteca?

LIBBY. Bueno, tendríamos que depender completamente de fondos del gobierno, y el presupuesto disminuye cada año. Significaría que no sería posible comprar libros nuevos, ni reemplazar los libros existentes cuando están viejos y dañados. Y, por supuesto, tendríamos que reducir el número de empleados, estar abierto menos tiempo y posiblemente cerrar la biblioteca completamente.

ALEX. Eso suena horrible. ¿Qué haría yo para obtener libros? Mi familia no puede permitirse el lujo de comprar todos los libros que yo quiero leer.

LIBBY. Dudo mucho que exista una familia que puede comprar tantos libros, ni tener espacio para mantenerlos, Alex.
(Se ríe.)

PÁGINAS

LIBBY *(cont.)*. Las personas como tú necesitan a las bibliotecas. Las bibliotecas necesitan a gente como tú. Por cierto, el mundo necesita a gente como tú, las personas que se preocupan por la lectura. Cuanto más se lee, más se piensa, y cuanto más se piensa, es más probable que pueden encontrar soluciones a los problemas.

ALEX. ¿Está diciendo que algún día mi amor por la lectura va a salvar el mundo?

LIBBY. *(Se cierre el último libro.)*
Eso no es lo que dije. Sin embargo, nunca se sabe… podría.

ALEX. *(Recogiendo los libros)*
Nunca se sabe. Quizás lo hará.

(Suena el teléfono, contesta **LIBBY***.)*

LIBBY. Buenas tardes. Biblioteca del Pueblo. Habla Libby.
(Pausa. Mira al reloj.)
Son las 5:05.
(Pausa)
De nada.
(Cuelga el teléfono. Habla a la Audiencia.)
Algunas cosas no cambian nunca.

ALEX. *(Da vuelta para salir.)*
Hasta la próxima semana.

LIBBY. Hasta entonces.

   ALEX *(sale.)*

NARRADOR/A. A medida que crecía, no me gusta admitirlo, pero poco a poco fui dejando de ir a la biblioteca. Estaba demasiado/a ocupado/a con los deportes y la música y estaba desarrollando una vida social. Apenas tuve tiempo de mantenerme al día con las tareas escolares. Casi no tuve tiempo para leer para mi propia diversión.

PÁGINAS

De vez en cuando no podía aguantar y pasé el tiempo leyendo cuando en realidad debía haber estado estudiando…o durmiendo. La lectura es como una droga. A veces…uno lo necesita para vivir.

Entonces compré mi primer lector electrónico. Lo cargué con todos mis libros favoritos y lo llevé conmigo siempre para cuando tenía unos momentos libres para leer. Dejé de hacer tiempo para ir a la biblioteca. ¿Por qué molestarse cuando por un precio muy bajo se podía descargar cualquier libro que yo deseaba? Sin el viaje a la biblioteca…o a la librería…o la espera para el envío de libros que yo antes ordenaba del Internet.

(Pausa)

Pero, echaba de menos a la biblioteca.

De verdad. *(Pausa)* Es cierto.

Después de la universidad empecé el postgrado para obtener un grado de Máster en Bibliotecas. Nunca terminé mis estudios. El futuro se veía demasiado sombrío.

PÁGINAS

Escena 3

La biblioteca, varios años después. **LIBBY** *está llenando cajas con libros, durante toda la escena. Entran* **PETER** *y* **TOM** *con cajas vacías.*

PETER. Trajimos más cajas, como pediste. ¿Vas a necesitar muchas más?

LIBBY. Claro que sí. MUCHAS más. Todas las que me puedan traer.

TOM. Peter dijo que necesitas ayuda moviendo cosas al almacén. ¿Por qué la biblioteca no te da las cajas?

LIBBY. Shhh…

(Mira a su alrededor.)
Pensé que podría confiar en ustedes. ¿Peter, no le dijo lo que está pasando?

PETER. No, no le dije nada. Yo tenía miedo de que él dijera algo antes de llegar aquí. Además, pensé que sería mejor si se lo decías tú. Tú sabes que mi memoria no sirve para nada.

LIBBY. Tienes razón. Tu memoria está tan llena de huecos que bien puede ser hecho de queso suizo. Tom, este es el problema. La biblioteca tiene órdenes de remover ciertos libros de los estantes.

El nuevo comité de la censura que el pueblo tiene ahora ha decidido que es peligroso para el público si se permite leer cualquier libro que ha estado en las listas de los cien libros más prohibidos o más desafiados. No solo la lista de este año, si no todas las listas desde 1990. Muchos de ellos estaban en la lista para varios años, pero, aun así, son MUCHISIMOS libros. La mayoría de esos son libros importantes.

Me mandaron a poner todos los libros en el incinerador, pero no hay manera que yo voy a hacer eso. Así que estamos empaquetándolos para llevarlos a un lugar donde estén a salvo.

PÁGINAS

Me da nausea pensar que están tratando de forzarme a destruir libros solo porque una u otra persona pueda sentirse ofendida. Por lo menos la biblioteca todavía estará abierta, y hay muchos otros libros que no están en esa lista…aún.

*(Entra **ALEX**)*

ALEX. ¿Llegamos tarde?

LIBBY. No. Me alegra que pudieras venir. ¿Dónde dejaste la camioneta?

ALEX. La dejé en la parte de atrás, como dijiste. Mamá ya viene. Ella quería traer su propio vehículo para poder llevar más cajas esta noche.

LIBBY. Bueno. Peter, Tom empezad a sacar estas cajas. ¿Alex, está la camioneta cerrada con llave?

ALEX. Ah, sí está. Aquí está la llave.
*(Da la llave a **PETER**.)*
Y, conseguí un sitio ideal.

LIBBY. ¿Qué? El estacionamiento debe estar casi vacío porque es casi la hora de cerrar la biblioteca.

*(**PETER** y **TOM** salen con cajas llenas de libros.)*

ALEX. No, para guardar los libros. Conseguí un montón de estantes y todo lo que necesitamos. Estoy llevando todo a…

LIBBY. *(Interrumpiendo)*
NO…no me digas nada. Es mejor si yo no lo sé, por si acaso.

ALEX. ¿Por si acaso qué?

LIBBY. Ah, Alex. Eres muy inteligente. Tú bien sabes lo que quiero decir.

PÁGINAS

ALEX. Sí. Yo sé.

*(**PAIGE** entra trayendo cajas vacías.)*

PAIGE. Hola Libby.

LIBBY. Hola. ¿Cómo has estado? Desde que te despidieron casi no te veo nunca.

PAIGE. Yo he estado bien. Alex me ayuda en lo que puede, pero extraño mi tiempo aquí. Desde que el transporte dejó de pasar cerca de mi casa no he podido salir mucho, y no puedo justificar gastar dinero que no tengo para pagar gasolina.

LIBBY. No puedo creer lo caro que está ahora. Dentro de poco, nadie va a poder manejar.

*(**PAIGE** ayuda **LIBBY** empacar libros en cajas.)*

ALEX. Supongo que es una buena cosa que dejé la escuela para ser bibliotecaria. Odio a mi trabajo, pero al menos me pagan lo suficiente para llenar el tanque con gasolina de vez en cuando.

LIBBY. Tú hubieras sido un/a bibliotecario/a fenomenal. Somos una especie en extinción.
*(Suena el teléfono, **LIBBY** contesta.)*
Buenas noches. Biblioteca del Pueblo. Habla Libby.
(Pausa. Mira al reloj.)
Son las 7:45. Cerramos a las 8:00.
(Pausa)
De nada.
(Cuelga el teléfono, y habla a la Audiencia.)
Increíble. ¿Pueden creerlo?

*(**PETER** y **TOM** regresan, **LIBBY** y **PAIGE** siguen llenando cajas.)*

PETER. ¿Hay muchos más?

PÁGINAS

LIBBY. Sí, pero tendremos que terminar otro día. Tenemos que estar fuera de aquí antes de las ocho. Las luces se apagan cinco minutos después y es tan oscuro que es imposible ver. Tienen un nuevo sistema de seguridad que no necesita electricidad. Y no puedo abrir las puertas una vez que la electricidad esté apagada.

TOM. *(Coge una caja.)*
Qué cosa tan extraña.

LIBBY. Como uno de estos libros de ciencia ficción que tienes allí.
*(**LIBBY** indique a la caja.)*
OK, ustedes tres metan las cajas en la camioneta antes de que tenga que cerrar la biblioteca. Paige, tú y yo podremos llevar estas últimas cajas.

*(**ALEX**, **PETER** y **TOM** salen con cajas.)*

PAIGE. Llevaré unas bolsas, también.
(Empieza a levantar una caja.)

LIBBY. Espérate.

*(**PAIGE** una pausa, mirando a **LIBBY**.)*

PAIGE. Pensé que me dijiste que teníamos prisa.

LIBBY. Es cierto, pero no sé cuando puedo volver a verte. No tuve oportunidad para darte las gracias por todos los años que trabajaste conmigo.
(Respira profundamente.)
No sé qué va a pasar si descubren lo que hemos hecho, y quiero que tú sepas cuanto significa tu ayuda para mí, en el pasado y más aún ahora.

PAIGE. Yo regresaré. Tú lo sabes. Una vez que la economía se recupere, me van a necesitar de nuevo.

PÁGINAS

LIBBY. Ojalá. Dejaron de comprar libros. Dicen que la gente ya no necesita libros actuales porque están tan fáciles de obtener en los lectores electrónicos…
(Los ojos empiezan a llenar de lágrimas.)
Me pregunto cuánto tiempo va a pasar hasta que me eliminen a mí también. Cortaron el horario de la biblioteca a dos horas en la tarde durante la semana y ocho horas los sábados.

PAIGE. *(Acaricia el brazo de* **LIBBY***, después le da un abrazo para reasegurarla.)*
Nunca pierdes la esperanza.
(Mira al reloj.)
Vamos, pues. Ya es casi la hora. No queremos estar atrapadas dentro de la biblioteca hasta el lunes, ¿verdad? ¿Te llevo a casa?

LIBBY. Tienes razón. Ya es tarde. Planeaba caminar, pero te agradecería si me puedes llevar.
(Seca las lágrimas.)
Vámonos.

*(***PAIGE*** coloca una bolsa llena de libros en cada brazo, levanta una caja y sale de la escena.* **LIBBY** *coge su cartera y recoge otra caja, mira alrededor de la biblioteca, suspire y sale.)*

(Fuera del escenario)

VOZ. ¡ALTO! ¡Policía! Bajen esas cajas.

LIBBY. Todo está bien. Yo trabajo aquí.

VOZ. ¡Dije que las bajen! *(Un momento)* ¡Ahora!

(Sonidos de una pelea y un tasar)

PAIGE. *(Grita)*

PÁGINAS

NARRADOR/A. Las cosas no siempre salen según lo planeado. A veces la gente tiene éxito. Otras veces los planes están completamente destrozados.

A través de los años, algunas bibliotecas subterráneas se establecieron en diferentes partes del país. Algunas permanecen ocultas. Algunas fueron halladas y destruidas. Algunas nunca tuvieron un chance. He oído que algunas se crearon, pero las personas que las establecieron desaparecieron y nunca más se supo de ellos. Estas colecciones permanecen perdidas hasta este día.

(Mientras **NARRADOR/A** *habla, preparan la próxima escena, con cadenas y candado en la puerta de la biblioteca.)*

PÁGINAS

Escena 4

Afuera de la biblioteca. Tres años después. Un candado y cadenas se ven en la puerta o en una abertura que representa una puerta. **TOM**, **LEXI**, **PETER** *se encuentran cerca de la entrada.*

TOM. ¿Están seguros de que Alex va a venir?

PETER. Claro que sí. ¿Por qué no lo haría?

TOM. Tú sabes. Por lo que ocurrió.

LEXI. O, Tom. Es obvio que tú no conoces a Alex como nosotros. Es precisamente PORQUE pasó lo que pasó que sabemos con CERTEZA que vendrá.

PETER. ¿Recuerdas cuando Paige nos presentó, Lexi?

LEXI. La mejor cosa que me ha pasado en mi vida.

PETER. Para mí también.

LEXI. Era un poco después del tiempo que ella me enseño como utilizar la biblioteca.

PETER. Y ella te mandó a ayudarme a mí. Qué bueno era aquellos tiempos, ¿No?

LEXI. Lástima que yo no podría estar allí en ESE día. Quizás si yo hubiera estado, todo hubiera salido mejor.

PETER. No te culpes. Lo hecho, hecho esta. Además, si hubiéramos esperado un poco más, o…

TOM. Si hubiéramos esperado un poco más, nos habrían agarrado también. Mira, allí viene Alex.
(**ALEX** *se acerca, sacando una llave en un cordón desde el bolsillo, y mirando a su alrededor antes de hablar.*)

PÁGINAS

ALEX. Ya, lo tengo. Vamos a hacer esto.

TOM. ¿Tú estás bien?

ALEX. Sí. Estoy bien. Nunca lo superaré, pero puedo dormir. Puedo comer.

LEXI. La biblioteca ha estado trancada hace tres años, ya. Desde…bueno…tú sabes.

ALEX. *(Suspira)*
Sí, yo sé.

PETER. Menos mal que ellos han desconectado ese sistema de seguridad tan loca.

ALEX. No puedo creer que Libby encontró una manera de decirme donde conseguir la llave. Ni sé como ella se enteró del lugar. Quizás uno de los guardias tiene un lugar en su corazón para los libros.

TOM. O, bien, puede ser una trampa.

LEXI. *(Cabecea)*
Tienes razón. Es posible.

ALEX. Por eso tenemos que tener prisa. Yo he estado en contacto con otros como nosotros. Tengo mucha esperanza que lo que estamos haciendo va a suceder. Tenemos que, si no, Mamá…
(Queda en silencio. **LEXI** *abraza a* **ALEX**.*)*

LEXI. Vámonos. Tenemos que entrar y salir antes de que alguien venga. Tu madre hubiera querido que tengas cuidado.

ALEX. Todavía estoy FURIOSO/A con ellos por matarla.

TOM. Dijeron que fue un accidente.

PETER. Venga, Tom. Tú bien sabes ellos no tenían que utilizar su arma tasar. La mataron, así de simple.

PÁGINAS

TOM. Yo solo estaba diciendo que matarla no fue su intención. No sabían que iban a causarle un ataque de corazón.

PETER. No importa si fue su intención o no…lo hicieron. Vamos. Se lo debemos a Paige.

ALEX. Y a Libby también. Tal vez puedo llevarle un libro la próxima vez que la visite en la cárcel.

(**ALEX** *abre el candado, quita la cadena, y uno por uno entran y salen con cajas y bolsas llenas de libros. Al final,* **ALEX** *vuelve a cerrar las cadenas.*)

ALEX. Está bien. La próxima semana. Al mismo tiempo. ¿De acuerdo? Vamos ya, pronto va a pasar la guardia.

TODOS. *(Hablando todos juntos mientras se van cada uno por su proprio camino.)*
Adiós. Ciao. Hasta la próxima semana. Tengan cuidado.

(Mientras **NARRADOR/A** *habla, equipo de escena quitan candado y cadenas.)*

NARRADOR/A. Eventualmente, todas las bibliotecas perdieron a clientes, ayuda financiera y se cerraron…para siempre. Algunas fueron permitidas a quedar en pie, sobre todo en ciudades donde los libros tenían un lugar especial en los corazones de la comunidad. Sin embargo, se demolieron muchas más y los equipos de demolición no salvaron nada.

¿La razón? A lo mejor fue avaricia corporativa. ¿No es eso la razón que casi todas las cosas suceden en este mundo? La explicación oficial del gobierno fue que los libros y las bibliotecas ya no tenían lugar en el mundo. Todo material que uno puede querer leer estaba disponible en forma digital. Y cualquier cosa que no se puede conseguir por Internet, bueno, esto fue información que *usted* no necesitaba.

PÁGINAS

¿A quién le importaba los manuscritos y documentos antiguos? Eran parte del pasado y el pasado ya pasó. La gente debería prestar atención al futuro, y pensar en cuantos árboles se salvarían si eliminamos por completo el uso del papel.

Hmmmff. Claro. Salvar a los árboles. Seguro. Araron incontables hectáreas de bosque para ganar espacio para las ciudades. De la misma manera, pavimentaron sobre las bibliotecas…para hacer más estacionamientos.

PÁGINAS

Escena 5

Un año después. **ALEX, TOM, LEXI** *y* **PETER** *se encuentran donde la cadena y candado habían puesto, ahora es solo un terreno vacío lleno de tierra y escombros.*

ALEX. *(Furiosamente, usando los brazos para énfasis.)*
¡PERO, QUE LOCURA!

LEXI. *(Llorando)*
No lo puedo creer. ¡Ya no existe!

PETER. *(Pone un brazo en el hombre de **LEXI** para calmarla.)*
Y no hace mucho que demolieron la biblioteca. Mira, el polvo aún no se asienta. Es posible que todavía haya alguien aquí.

ALEX. No hay nadie aquí. ¡Miran! Nada. ¡DESTRUCCIÓN COMPLETO! Ni siquiera un libro extraviado. Nada. No queda nada. ¡ABSOLUTAMENTE NADA!

TOM. Alex tiene razón, Peter. No hay nadie aquí.

ALEX. Debía haber hecho más viajes. Debía haber venido todos los días, no todas las semanas. Aún teníamos TANTOS libros para salvar.

PETER. Tú bien sabes que eso no hubiera sido posible. Tú sabes que hemos estado arriesgando nuestras vidas al venir todas las semanas durante el año pasado. Es un milagro que hemos podido obtener gasolina…y más importante… que no fuimos agarrados.

LEXI. *(Quitando el brazo de **PETER** que estaba en su hombro.)*
Me alegro de que Libby y Paige no vivieran para ver esto. Al menos Libby murió sabiendo que estábamos haciendo todo lo posible para salvar a los libros.

ALEX. Sí, pero ella sospechaba que algo así iba a pasar tarde o temprano. Logró mantener a uno de los libros que la llevé escondidos, justo hasta el final. Tenía uno en la mano cuando se murió.

TOM. ¿Cuál era?

ALEX. ¿Cuál crees?

TOM. Creo que sé. ¿Era...?
(Pausa, levanta una ceja, levanta los dedos para señalar los números 4, 5, 1.)

ALEX. Exactamente.

LEXI. ¿Ahora qué?

ALEX. ¿Cómo que, ahora qué?

LEXI. ¿Ahora qué vamos a hacer? Ya no podemos sacar más libros. Ni siquiera con una pala.

TOM. No sería posible leerlos después de aquello.
(Indica las escombras.)

PETER. En absoluto. Así que...
*(Mira hacia **ALEX**.)*
¿Qué ES lo que vamos a hacer?

ALEX. ¿Por qué todos me preguntan a mí? ¿Quién me hizo líder?

PETER. ¿Y quién más va a ser? Tú has guiado nuestras acciones por años. Era idea tuya para empezar a salvar a los libros prohibidos y desafiados antes que la biblioteca se encontrara en peligro.

ALEX. Ay... sí... y que *gran* idea fue. Ese plan *brillante* llevo Libby a la cárcel y MATÓ a mi mamá.

PETER. Sin embargo, en realidad fue una idea espectacular. No es tu culpa que tomara ese giro terrible. Conseguiste un lugar para los libros. Has dedicado tu vida a este esfuerzo, y estamos contigo. Un cien por ciento. *(Un momento)* Al, menos, yo estoy contigo. ¿Y ustedes?

PÁGINAS

LEXI. Claro que sí. Haría lo que sea para ti, Alex.

TOM. Yo también.

ALEX. Necesito alejarme de todo el asunto por un rato. Sería una buena idea si no hacemos nada por un tiempo. Planeaba decirles esta noche que sería la última vez. Al menos para mí. Me siento como estuviera siendo vigilado/a, sobre todo desde que murió Libby.

LEXI. No podemos simplemente darnos por vencido.

ALEX. Yo no dije eso. Solo quería decir…no sé… ¿Tomar un descanso?

PETER. He notado que algunas personas parecen estar vigilándome también, pero creí que era paranoia.

TOM. Y yo estaba pensando cómo iba a decirles que necesitaba salir de eso. Mi supervisor en el trabajo ha estado prestando una atención especial a mis correos electrónicos y últimamente hemos tenido varias medidas de los inventarios de gasolina. Tengo miedo de que vayan a descubrir que he estado quitando un poco para poder llevar los libros al sitio seguro.

ALEX. Casi parece que el fin de nuestra biblioteca, por muy horrible y trágica que parezca, puede ser que haya sido una bendición disfrazada.

*(***LEXI**, **PETER** *y* **TOM** *regañadientes asentir.)*

ALEX. Bien. *(Un momento)* Eso es todo. Por ahora de todos modos. Vamos a planear regresar aquí…sea lo que sea…en…no sé… ¿Tres años? Pase lo que pase, tres años desde hoy, a la misma hora. ¿De acuerdo?

*(***LEXI**, **PETER** *y* **TOM** *regañadientes asentir otra vez. Los cuatro se despiden con abrazos y se van por sus propios caminos.)*

PÁGINAS

NARRADOR/A. Es difícil imaginar un mundo sin bibliotecas. Es más difícil aún imaginar un mundo sin libros.

PÁGINAS

Escena 6

Tres años después.
Nadia está en escena. Silencio para 15 segundos, después, entra **LEXI**.

LEXI. *(A si misma)*
Parece que soy la primera en llegar.
(Pausa.)
Me pregunta si alguien más va a venir.

(Silencio para 15 segundos, después entra **TOM**.*)*

TOM. *(Se abrazan brevemente.)*
Lexi, estás aquí. Me preguntaba si lo lograría. ¿Has oído algo de los demás?

LEXI. No he sabido nada de Alex desde la última vez que estábamos aquí. Vi a Peter hace unas semanas. Me dijo que iba a venir…si logra conseguir la manera de llegar hasta aquí.
(Mira a su alrededor nerviosamente.)
¿Cuánto tiempo crees que debemos esperar?

TOM. Yo les daría un poco más tiempo todavía.

(Silencio incómodo para 15 segundos, después, entra **PETER**.*)*

TOM. Llegaste.

PETER. *(Se abraza brevemente a* **TOM** *y* **LEXI**.*)*
No fue fácil ¿Dónde está Alex?

LEXI. Aún no está.

(Silencio incómodo para 5 segundos.)

PETER. ¿Vieron en el televisor lo que está pasando con la industria de los libros electrónicos?

TOM. Yo no. Ya no puedo pagar para ver televisión. Tampoco tengo teléfono. Pero, aún tengo mi computadora. Cuando deja de funcionar...ya, termino.

LEXI. ¿Estás hablando de la manera que están obligando a la gente pagar tarifas más elevadas para mantener sus libros electrónicos en sus lectores?

PETER. Sí. Exactamente. Es una locura. Convencen a la gente a botar todos sus libros, y después...

TOM. No me *convencieron* a mí.

LEXI. A mí tampoco.

PETER. Convencieron a la *mayoría* de la gente a desechar a sus libros y solo utilicen los libros digitales, y luego ¡ZAS! Les obligan a pagar más para tenerlos.

LEXI. Escuché que tienen el derecho para hacerlo legalmente porque los libros que se compran en forma digital no les pertenecen, aunque se los *compraran*.

TOM. Ese era el problema con esas cosas todo el tiempo. Yo vi ese problema desde el principio. Si lee la letra pequeña, se ve que, con los libros electrónicos, uno no es el dueño del material. Sólo eres el propietario de los derechos temporales para leer el material y tenerlo en su posesión. No se puede prestarlo o venderlo. Me preguntaba cuando la codicia corporativa iba a intervenir y comenzar a extorsionar a las personas que quieren tener el material escrito para leer. Por eso escondí mis propios libros, cuando estábamos guardando los libros de la biblioteca.

PETER. Espero que los tengas bien escondidos. Tú vives en un apartamento, ¿no? Las nuevas ordenanzas municipales prohíben los libros porque dicen que son un peligro de incendio.

TOM. No, yo dejé ese apartamento poco después de la última vez que estuvimos aquí. Actualmente estoy viviendo en el campo...no lejos de donde llevábamos los...tú sabes...

PÁGINAS

(mira a su alrededor y baja su voz)
los libros. De esta manera he podido cuidarlos. Tengo mucho espacio, si es que ustedes necesitan salir de la ciudad.

LEXI. Es bueno saberlo. Me he estado preguntando cómo sobrevivir a todo lo que ha estado sucediendo últimamente. Perdí mi trabajo y estoy a punto de perder mi apartamento. He estado vendiendo mis pertenencias para poder comprar comida. Pero, no mis libros. Y, en realidad, necesito guardarlos bien antes de que el jefe de bomberos haga la siguiente inspección.

TOM. Te voy a dar instrucciones para llegar, pero no quiero darte la dirección. No quiero que alguien me busque en el Internet. He logrado estar fuera de la red desde que me mudé allí.

PETER. Pero dijiste que aún utilices a tu computadora.

TOM. Sí, utilizo la computadora…pero no estoy usando el Internet. Solamente la uso para mi escritura. Creo que vendrá un día que los libros vuelvan a ser importantes. Ese día *tiene* que venir.

PETER. Seguro. ¿Lexi, vas al campo? ¿Cómo llevaras tus cosas?

LEXI. No sé. Como todo en mi vida…voy a tener que averiguarlo.

TOM. *(Escribe en un papel que sacó de un bolsillo.)*
Toma. Las instrucciones.
*(Pasa el papel a **LEXI**.)*
Estaré en la ciudad otra vez la próxima semana. Puede ser la última vez por un largo tiempo. He logrado ser más o menos autosostenible, pero tendré que aumentar mis reservas de gasolina antes de que agoten. Si tú quieres, puedo recogerte y tus pertenencias y llevarte a vivir conmigo.
(Titubea, y después continúe.)
No quiero decir que en la misma casa. Hay varias casas en mi propiedad. Cada uno de nosotros puede tener su propio espacio.

PÁGINAS

PETER. *(Interrumpiendo)*
¿Tienes espacio para mí también?

*(**ALEX** entre escena.)*

TOM. Claro que sí. Por eso les estaba diciendo. ¿Pueden estar listos en una semana?

ALEX. ¿Listo para qué? Disculpa que llegue tarde.

LEXI. ¡Alex! ¡Por fin llegaste!

*(**TODOS** saluden con abrazos.)*

TOM. Estaba invitándolos a vivir conmigo.

ALEX. ¿De veras?

TOM. Tú puedes venir también.

ALEX. No, No puedo. Todavía tengo demasiadas cosas que necesito hacer aquí...para la biblioteca.

PETER. Alex, hemos hecho todo lo que podemos para la biblioteca. Creo que debes considerarlo. La vida aquí es cada día más difícil.

ALEX. Yo sé. Y es precisamente por esta razón que tengo que quedarme aquí. Al menos, por un tiempo. Por cierto, casi decidí no venir aquí esta noche.

LEXI. ¿Por qué? Fue idea tuya encontramos en este día y a esta hora.

ALEX. Sí, yo sé. ¿Pero recuerdan como yo pensé que me estaban vigilando?

*(**TODOS** asientan sus cabezas.)*

ALEX. Era verdad. Me estaban vigilando. Pero, no era el gobierno, como creía.

LEXI. ¿Quiénes fueron, entonces?

PÁGINAS

ALEX. *(Mira a su alrededor un momento antes de continuar.)*
Gente de un pueblo más de cien kilómetros de aquí. No sé cómo, pero se enteraron de lo que hicimos, y consiguieron la manera de comunicarse conmigo. Yo estaba ayudándoles a salvar los restos de su biblioteca. Ya no existe tampoco. Hemos creado un código para mandar mensajes entre nosotros, y hemos puesto en contacto con otros grupos en ciudades por toda la región.

LEXI. ¿Así que no somos los únicos haciéndolo?

ALEX. Es sorprendente la cantidad de personas que han estado involucrados en esfuerzos similares. Algunos empezaron antes de nosotros, pero la mayoría escucharon lo que le pasó a mi madre y decidieron que ya era hora de tomar el riesgo para salvar a sus bibliotecas en su honor.

TOM. ¡Guau!

PETER. Que fantástico.

ALEX. Estamos tratando de hacer registros acerca de todos los títulos que hemos logrado salvar. No ha sido fácil porque no podemos enviar documentos electrónicos ni confiar en el correo. No podemos correr el riesgo de que la información caiga en las manos equivocadas, así que estamos haciendo todo a mano, con pluma y papel…y bien saben lo difícil que es conseguir papel en estos días.

TOM. ¿No hay registros computarizados?

ALEX. Como dije, es muy difícil protegerlos de los ojos del Internet.

TOM. Si tú puedes mandarme, o traerme, estas listas…yo podría crear una base de datos maestra. Como les decía a Lexi y Peter, he estado fuera de la red durante años. Además, ya tengo sistemas establecidos para mi propia colección. Sería fácil combinar todos los datos. Por supuesto, tomaría tiempo, pero sería un honor hacerlo.

ALEX. Es una idea genial. Gracias. Dejaré que los demás sepan la

próxima vez que los vea. Sé que llevara tiempo, ya que no podemos confiar en los teléfonos ni Internet, pero creo que puedo empezar a reunir las listas dentro de unos pocos meses.
(Un momento)
Un par de años máximo. ¿Dónde puedo encontrarte?

TOM. Lexi, no necesitaras el papel con las direcciones. ¿Verdad?

LEXI. Tienes razón. Aquí está, Alex.
(Pasa el papel a ALEX.*)*
Mejor lo tienes tú.

ALEX. *(Mirando al papel.)*
Yo conozco este lugar. Es perfecto. ¿Cómo te parece esta idea? Como van a estar tan cerca, ustedes deben reunirse conmigo en dos años… ¿En la casa donde guardamos los libros? Puedo conseguir más computadoras y podremos establecer un sistema.

TOM. Me parece perfecto. Si me necesitas para cualquier razón antes del entonces, me puedes mandar un mensaje allí.

(Indica el papel.)

LEXI. Lo mismo para mí, como yo voy a estar allí también.

PETER. Cuenta conmigo, también. Si es que estás seguro, Tom, de que hay suficiente espacio.

TOM. Claro que tengo espacio. ¿No les dije antes? Regreso en una semana para ustedes dos.

LEXI. *(Asienta con la cabeza.)*

PETER. Yo no puedo irme tan pronto.

TOM. ¿Cuánto tiempo necesitas para estar listos? Debemos hacer los planes ahora. Puedo hacer muy pocos viajes antes de que se me acabe la gasolina. ¿Lexi, es una semana suficiente?

PÁGINAS

LEXI. *(Asienta con la cabeza.)*
Puedo estar lista para entonces.

TOM. *(Pensativamente)*
¿Sabes? Sería mejor hacer dos viajes. Así cada uno de ustedes puede traer más de lo que van a necesitar.

PETER. Tres semanas…¿Estaría bien?

TOM. Claro. Te buscaré en tres semanas a partir de hoy.

ALEX. Tengo que ser breve, hay gente esperándome. Nos vemos en dos años, quizás antes.

TOM. Seguro que sí.

LEXI. Adiós.

PETER. Cuídate. Tengo que irme también.

*(**TODOS** se abrazan para despedirse y se van por sus propios caminos.)*

NARRADOR/A. Todo el mundo estaba preocupado por el colapso de la economía, la devastación dejada detrás del clima cada vez más violento, y por la destrucción del medio ambiente a las manos de la humanidad. Sin embargo, había otro problema…más grande…escondido de la vista. Los científicos trataron de advertir a todos, el gobierno, el público…todo el mundo…sobre los riesgos de las tormentas solares, sobre su potencial de interrumpir…y posiblemente destruir…una parte vital de la sociedad.

Por desgracia, nadie les prestó mucha atención. Había habido demasiadas predicciones del fin del mundo a lo largo de la historia. Nostradamus, Y2K, el fin del calendario maya en 2012. La gente se sacudió las advertencias de las tormentas solares como otra profecía destinada a defraudar. Esto es, si se puede llamar 'el fracaso de destruir la vida tal como la conocemos' una decepción.

Las llamaradas solares producen campos magnéticos más intensos.

PÁGINAS

Durante la historia, han sido responsables por fallas en la tecnología basada en satélites. ¿Alguna vez han visto a su televisor ir todo raro, incluso cuando no estaba lloviendo? Podría haber sido por culpa de una llamarada solar. Han estado ocurriendo todo el tiempo.

Sin embargo...

Esta vez, las llamaradas eran mucho más poderosas que cualquier otro que había sido recordado previamente. La mayoría de los satélites que orbitaban a la tierra fueron destruidos. Las redes de energía se vieron afectadas hasta el punto de causar apagones generalizados.

En algunas ciudades, pasaron meses antes de que la electricidad fuera restaurada.

Toda comunicación vía satélite cesó. Eso significaba no más televisión, ni Internet, ni GPS, ni de radar para predecir las tormentas. Y no hubo servicio de teléfono celular.

Era una época de gran oscuridad.

PÁGINAS

Escena 7

Varios años después.

NARRADOR/A/ALEX y **ALEX** *caminan al central del escenario,* **ALEX** *le pasa el collar voluminoso o el cordón grueso "identificador"* **NARRADOR/A/ALEX. ALEX** *y sale de la escena.*

NARRADOR/A/ALEX. Sí. El futuro se veía bastante sombrío. Pero, incluso en los tiempos más oscuros, la luz puede penetrar, trayendo esperanza gracias a aquellos que están dispuestos a hacer una diferencia.

*(***TOM, LEXI, PETER** *entran y se acercan a* **NARRADOR/A/ALEX.***)*

NARRADOR/A/ALEX. Es tan bueno verlos a todos ustedes.

TOM. ¿Has tenido noticias de algunos de los otros grupos?

NARRADOR/A/ALEX. Sí, por cierto. Tenía un mensaje de un grupo en el occidente del estado Pennsylvania. Sus vecinos Amish han estado ayudándolos a aprender cómo vivir como en los tiempos de antes, sin electricidad y Internet. Hacen truque de servicios, equipo agrícola, caballos, y alimentos.

PETER. ¡Qué Bueno! Hemos estado trabajando en generadores que funcionen con energía solar y del viento. Aunque no podemos producir tanto como para todo el mundo, sí hemos sido capaces de producir lo suficiente para nuestros hogares.

LEXI. Y estamos aquí ahora para instalar uno para manejar las computadoras.

TOM. Una vez que está andando, sería capaz de funcionar mejor.

LEXI. Creo que es increíble como hemos sido capaces de conseguir tanto éxito. Se ve como las bibliotecas solían de ver. Jamás podríamos haberlo hecho sin ti, Alex.

PÁGINAS

NARRADOR/A/ALEX. Y yo nunca había estado motivado/a para llegar tan lejos con todo si Mamá y Libby no hubieron dado sus vidas al principio. ¿Creen que ellas se dieron cuenta de la importancia de su proyecto? Solo pensábamos salvar a unos cuantos libros, y terminamos por salvar a las bibliotecas.

TOM. Dudo que alguien podría haber imaginado que las cosas se pondrían tan feas como hicieron.

PETER. O que el mundo hubiera tomado tantos giros y vueltas extraños.

LEXI. ¿Sabes una cosa? Acabo de pensar en algo.

NARRADOR/A/ALEX. ¿Qué?

LEXI. Cuando yo era niña, y tu mamá me enseño como utilizar la biblioteca…
(Una pausa)

NARADOR/A/ALEX. ¿Sí? ¿Y…que?

LEXI. La primera cosa que me ayudo a investigar era sobre la primera biblioteca en todo el mundo. La que empezó en Alexandria. Que apropiado es que tú, Alex, estás encargado/a de la primera biblioteca de la nueva época.

(Luces bajan y fuera.)

FIN

INFORMACIÓN SOBRE DE LOS NOMBRES DE LOS PERSONAJES

ALEX – Nombrado/a por el lugar de nacimiento de todas las bibliotecas, "Alexandria."

LEXI – Nombrada por "Lexicon". Es una palabra en ingles que significa "todas las palabras en una lengua" o en un diccionario.

LIBBY – Nombrada por una variación de la palabra "libro".

PAIGE – Representa la palabra "page" en inglés que significa una página de un libro, o una clase de empleado de una biblioteca.

PETER – Nombrado por Peter Ustinov, el actor que hizo el papel de un anciano que vivía en una biblioteca abandona en la película *Logan's Run*.

TOM – Representa a una variación de la palabra "tome" que es otra palabra inglés para "libro".

LA AUTORA

Debra R. Sanchez ha mudado más de treinta veces... hasta ahora. Ha vivido en cinco estados en dos países. Ella y su marido tienen tres hijos adultos, cuatro nietos, y también una gata y una perra. Ella dirige y asiste a diversos grupos de escritura alrededor de Pittsburgh. También ha sido anfitriona de conferencias para escritores y dirige retiros para escritoras. Su escritura ha ganado premios en conferencias de escritores en varios géneros, incluyendo cuentos infantiles, poesía, fantasía, ficción, y no-ficción creativa. Varias de sus obras de teatro y monólogos se han producido y publicado. Otros de sus trabajos han sido publicados en revistas de la literatura, periódicos y antologías.

Para más información, visita a su página web: www.DebraRSanchez.com

Síguela en Facebook: @DebraRSanchez

y en Twitter: @DebraRSanchez

Muchísimas gracias a Cesareo Sanchez. Sin su ayuda y apoyo, yo no podría vivir mis sueños.